TECNOLOGÍA:
MAPAS PARA EL FUTURO™

TECNOLOGÍA: MAPAS PARA EL FUTURO™

Portaaviones
por dentro y por fuera

por
Mark Beyer

Ilustraciones
Leonello Calvetti, Lorenzo Cecchi

Traducción al español
Eida del Risco

The Rosen Publishing Group's
Editorial Buenas Letras™
New York

A los pilotos que luchan todos los días por conservar nuestra libertad.

Published in 2002 in North America
by The Rosen Publishing Group, Inc., New York

First Edition
First Edition in Spanish 2002

Book Design:
Andrea Dué s.r.l. Florence, Italy

Illustrations:
Leonello Calvetti, Lorenzo Cecchi, Luca Massini, Donato Spedaliere

Editor and Photo Researcher:
Joanne Randolph

Associate Editor:
Jason Moring

Library of Congress Cataloging-in-Publication Data

Beyer, Mark (Mark T.)
Portaaviones : por dentro y por fuera / por Mark T. Beyer. ;
traducción al español Eida del Risco. — 1st ed.
p. cm. — (Tecnología : mapas para el futuro)
Includes bibliographical references and index.
ISBN 0-8239-6153-2 (library binding)
1. Aircraft carriers—United States—Juvenile literature. [1. Aircraft carriers.
2. Spanish language materials] I. Title. II. Series.
V874.3 .B48 2002
623.8'255—dc21
2001001113
Manufactured in Italy by Eurolitho S.p.A., Milan

Contenido

La primera línea de defensa

Desde el final de la Segunda Guerra Mundial en 1945, los portaaviones han intervenido en más de 200 misiones internacionales. Desde entonces, la primera pregunta de un presidente que se enfrenta a una crisis internacional ha sido ¿dónde están los portaaviones? Estas increíbles embarcaciones se han convertido en las patrullas de policía mundiales y en vehículos de rescate durante situaciones de emergencia. De hecho, parte de la responsabilidad de que los Estados Unidos y sus aliados sean naciones libres se debe a estas embarcaciones.

Estos barcos increíbles son reflejo, e incluso precursores, de la era tecnológica actual, tanto en la embarcación en sí misma, como en las aeronaves que despegan de su cubierta de 4 acres (1.6 ha) de superficie. El poder nuclear civil, incluidas sus medidas de seguridad, tiene muchos de sus orígenes en el poder nuclear de la marina, de la misma manera que la tecnología de telefonía celular tiene sus orígenes en la red de transmisión de datos que fue instalada por primera ocasión en el portaaviones USS Oriskany (CVA-34) en 1963. Incluso el acero con el que están construidas estas embarcaciones, llamado HY-100, requiere de una alta tecnología especial de soldadura. ¿Quién sabe cómo se aplicará esta tecnología en la vida diaria?

A pesar de tener un costo de cinco millones de dólares, el Congreso de los Estados Unidos continúa financiando los portaaviones porque la tecnología y servicio que ofrecen no puede ser igualado por ninguna otra nación. En cualquier país, los portaaviones juegan el importante papel de ser la primera línea de defensa. Se trata de una presencia constante que puede ser movilizada con rapidez y eficacia, tanto para entrar en combate, como para participar en misiones de auxilio.

¿Quieres saber qué significa esto? Bueno, pues que además de aprender las capacidades técnicas que hacen tan efectivos a los portaaviones, tú podrías mejorar su funcionamiento algún día. O quizá, aplicar su tecnología en actividades u objetos de la vida diaria para mejorar las condiciones de vida de todo el mundo. El futuro de la aviación naval y de los portaaviones es tan grande y apasionante como las ciudades flotantes que patrullan el océano, y tú podrías ser parte de este mundo.

Mis deseos son que encuentres este libro tan emocionante como han sido mis treinta años en el océano con la gran marina norteamericana.

Pete Clayton
Comandante de la marina de los Estados
Unidos de América (retirado) e ingeniero en jefe
del USS Ranger (CV-61) durante la Guerra del Golfo.

Derecha: El portaaviones Ticonderoga, con aeroplanos y helicópteros en cubierta, espera el aterrizaje de la cápsula espacial Apolo 17 en 1972.

Abajo: Un F-14 Tomcat al ser conducido hacia las catapultas. A decir por el vapor, parece que otro avión acaba de despegar.

¿Por qué se construyeron los portaaviones?

En 1903, Wilbur y Orville Wright volaron el primer aeroplano. Ese aeroplano tenía dos alas y dos motores, pero no tenía ruedas. Aterrizaba sobre cuchillas de metal como las de los trineos de nieve. El avión de los Wright asombró a la gente y, de pronto, todo el mundo quería aprender a volar. En aquella época no era fácil volar en avión y costaba mucho dinero construir los aeroplanos. En 1908, sólo las personas adineradas y algunos pilotos temerarios eran capaces de volar. Los aviones no eran seguros cuando había mal tiempo, y no podían volar de noche. Muchos pilotos se estrellaron y murieron en los primeros años de la aviación. Por estas razones, el ejército de los EE.UU. no consideraba utilizar los aviones como armas de combate. Pero aquel mismo año, un piloto de acrobacias les hizo cambiar de opinión.

Glen Curtiss fue un pionero de la aviación. Curtiss Construía sus propios aviones y hacía acrobacias aéreas. En 1908, construyó el modelo de un barco de guerra en tierra y voló sobre él con su avión, simulando que lo bombardeaba. La marina de los EE.UU. se enteró del vuelo de Curtiss y le gustó la idea, pero aún no estaba convencida de que un avión resultara útil en el combate.

Años más tarde, la marina se enteró que los alemanes trataban de hacer despegar un avión desde un barco y decidió probar también. Para esto contrataron a un piloto llamado Eugene Ely. En noviembre de 1910, Ely despegó su biplano de la cubierta del USS Birmingham, y dos meses más tarde aterrizó en la cubierta de un barco de guerra en San Francisco. El avión de Ely dejó caer un gancho sobre doce cables de retención extendidos a lo largo de la cubierta que lo debían sujetar durante el aterrizaje. Ely no pudo atinar en los primeros once cables, pero el gancho se enganchó en el último y el avión aterrizó sobre la plataforma. El Birmingham no había sido diseñado para contener aeroplanos, y se le construyó una plataforma de madera de 100 pies (30,5 m) en la cubierta para despegue y aterrizaje de aviones. Fue entonces cuando la marina de los EE.UU. decidió que necesitaba diseñar un barco para emplearlo como aeropuerto flotante.

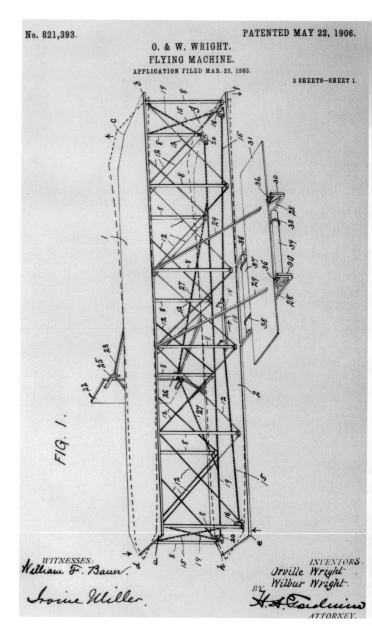

No. 821,393. PATENTED MAY 22, 1906.

O. & W. WRIGHT.
FLYING MACHINE.
APPLICATION FILED MAR. 23, 1903.

3 SHEETS—SHEET 1.

FIG. 1.

WITNESSES:
William F. Bauer.
Irvine Miller.

INVENTORS:
Orville Wright
Wilbur Wright
BY
H. A. Toulmin
ATTORNEY.

Arriba: Cuando los hermanos Wright realizaron este boceto para su primera patente, no podían imaginar que transformarían al mundo por completo. Este es el primer embalaje que construyeron en 1906.

Arriba: El Flyer de los hermanos Wright despega en la colina Devil Hill. Diciembre 17 de 1903.

En medio: Eugene Ely aterriza su pequeño biplano en la cubierta del USS Pennsylvania. Un año antes, había realizado el primer despegue desde una embarcación en el USS Birmingham.

Derecha: El pionero de la aviación Glen Curtiss en un Curtiss Condor. Curtiss revolucionó la táctica de combate de la marina y cambió el rostro de la aviación.

Los primeros portaaviones

La aviación naval comenzó lentamente. Durante la I Guerra Mundial, muchos países trabajaron en la construcción de portaaviones. Pero en los primeros portaaviones no despegaban aviones. Los barcos de guerra arrastraban hidroaviones, que se colocaban por medio de grúas en el agua para despegar. Los ingleses usaron sus hidroaviones para luchar contra barcos alemanes y los EE.UU. los utilizaron para localizar al enemigo. Esos aviones no tenían armas ni llevaban bombas. Cuando el piloto divisaba la embarcación enemiga, regresaba a su barco e informaba sobre su posición. Sólo entonces se usaban las armas del barco para atacar.

Muy pronto los ingleses construyeron cubiertas sobre barcazas remolcadoras. Estas, eran barcos planos, de modo que no se les tenían que hacer muchas reformas. Se les pusieron cubiertas de vuelo y se comenzaron a utilizar aviones de batalla con ruedas. Estos aviones atacaron campos de aviación y zepelines alemanes. Los ingleses tuvieron gran éxito con estas barcazas y pronto construyeron plataformas de portaaviones sobre el casco de otros barcos. Al final de la guerra, el portaaviones era el barco más codiciado por las marinas internacionales.

Todos los aviones necesitan la ayuda del viento para volar. El viento se crea a partir de la velocidad del motor del avión. Cuando un avión se mueve rápido por la pista, la forma de las alas obliga al aire a fluir por encima de éstas. Conforme el aire por encima de las alas se comprime, el aire por debajo se hace más ligero. A la velocidad correcta, este flujo de aire permite que el avión se eleve del suelo. Un avión ligero puede volar a menor velocidad que un avión pesado. Los aviones que se usaron en la I Guerra Mundial despegaban a 50 millas por hora (80.5 km/h.). Hoy en día, los jets más pesados deben desarrollar una velocidad de despegue de al menos 150 millas por hora (241.4 km/h.).

Abajo: Un avión de combate Douglas A-4 Skyhawk en el momento de despegar de la cubierta de un portaaviones.

Abajo: Corte transversal del USS Yorktown CV 5, construido en el astillero Newport News en Virginia, en 1937. Su hangar albergaba 80 aeronaves.

En tierra, las pistas pueden construirse del tamaño adecuado para que el avión alcance la velocidad de despegue. Sin embargo, en un barco el espacio es limitado. Los primeros portaaviones eran cruceros blindados con plataformas de no más de 100 pies (30.5 m). Para lograr que el avión despegara, los portaaviones navegaban muy rápido en contra del viento. La combinación de estas fuerzas ayudó a los primeros aviones a despegar de los portaaviones y volar hacia las batallas. Pero en ocasiones los aviones caían de la cubierta y se estrellaban en el mar. Con frecuencia, durante el despegue y el aterrizaje resultaban dañados tantos aviones como durante una batalla. En 1915, la marina de los EE.UU. inventó una catapulta para ayudar a los aviones a ganar velocidad de despegue. El avión se colocaba en una cubierta inclinada hacia el agua, como en la punta de un tobogán. La catapulta se unía al eje de la rueda del avión, y un muelle lo empujaba rápidamente hacia abajo de la rampa. Esta velocidad permitía que el avión usara el viento para ganar fuerza en el motor. Una vez en el aire y con la fuerza del motor, el avión podía volar con seguridad.

Después de la I Guerra Mundial, la marina de los EE. UU. diseñó barcos específicamente para transportar y hacer volar aviones. Se construían con largas cubiertas para pistas. Los aviones despegaban de la proa y aterrizaban en la popa. Estos nuevos portaaviones tenían enormes motores que los convertían en los barcos más rápidos de la marina. Los hangares tenían más de ochenta aviones, dispuestos a despegar a la más mínima señal del enemigo. Los portaaviones se convirtieron muy pronto en los barcos más poderosos del océano.

Arriba: Un Sopwith Strutter despega de una plataforma por encima de un cañón de dos barriletes de 12 pulgadas (305 mm).

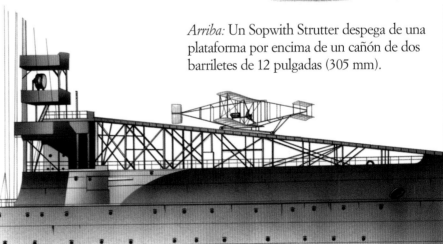

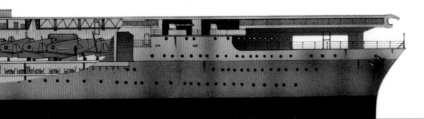

Arriba: El avión de Eugene Ely en la rampa del crucero USS Birmingham en noviembre de 1910.

El USS Langley, el Saratoga y el Lexington

La marina de los EE.UU. construyó su primer portaaviones en 1919, convirtiendo un barco mercante en un portaaviones de cubierta plana. El Langley nunca se utilizó en batallas, pero durante veinte años se usó para entrenamiento. Los primeros aviadores navales aprendieron a despegar y a aterrizar en su cubierta de 300 pies (91 m). La marina aprendió a usar la velocidad del portaaviones para el despegue del avión, y los ingenieros mejoraron las catapultas. Conforme los aviones se volvían más grandes, rápidos y pesados, se necesitaba de toda esta nueva información y tecnología para crear nuevos portaaviones capaces de transportar aviones más poderosos.

Los nuevos barcos tenían que ser más largos, altos y anchos que el resto de la flota. Los aviones necesitaban cubiertas más largas para permitir el despegue y el aterrizaje. Las cubiertas de los hangares debían ser suficientemente altas y anchas para contener docenas de aviones. La cubierta debía tener espacio para elevadores y almacenaje. Se necesitaban motores más grandes para que estos enormes barcos se desplazaran por el agua. Todas estas necesidades aumentaron la importancia de los diseñadores de portaaviones, que en la década de 1920 comenzaron a diseñar los mayores barcos jamás construidos.

En esa misma década, las marinas inglesa, francesa y japonesa construían también grandes portaaviones. La marina de los EE.UU. tenía parcialmente construidos dos cruceros de guerra. Se llamaban el USS Saratoga y el USS Lexington. Como sólo se había construido el casco de estos barcos, la marina decidió convertirlos en portaaviones. Cuando ambos fueron puestos en servicio en 1927 se convirtieron en los mayores portaaviones del mundo. Cada uno pesaba 36.000 toneladas. Cuatro motores hacían girar cuatro enormes hélices que impulsaban los barcos a 35 nudos, o más de 40 millas por hora (64.4 km/h). La velocidad le permitía a los portaaviones entrar rápidamente en batalla y poner aviones en el aire más rápido que el resto de las armadas. Y lo mejor de todo era que tenían una capacidad de noventa aviones. Era más del doble de lo que llevaban los portaaviones ingleses y japoneses. El Saratoga y el Lexington tenían un puente o torre de control a estribor o parte derecha del barco. Estas "islas" estaban en el centro del barco, de manera que las operaciones de vuelo en ambos lados pudieran observarse con facilidad. También tenían hangares abiertos debajo de la cubierta de vuelo y contaban con puertas enormes que se abrían a ambos lados de la cubierta del hangar. Los hangares abiertos permiten un mayor flujo de aire que barre los gases de escape y gasolina de manera que la gente pueda

Abajo: El Saratoga entró en servicio en 1927. Fue una de las tres naves de los EE. UU. que sobrevivió la II Guerra Mundial. Tras los terribles daños ocasionados por el ataque sorpresa japonés a Pearl Harbor, esta nave fue la base de la defensa estadounidense y lanzó miles de ataques aéreos. Fue atacada por torpedos, bombas y aviones Kamikaze y tuvo que ser reparada. En 1944 se equipó con defensas antiaéreas. Después de la guerra fue hundida durante un ejercicio nuclear en 1946.

Arriba: El Saratoga fue planeado como un crucero de batalla pero la marina decidió convertirlo en portaaviones.

trabajar con seguridad. Cuando llueve o cuando el mar está agitado, las puertas se cierran para proteger a la nave y su tripulación.

Finalmente, se usan tres elevadores para subir los aviones a la cubierta. Una vez ahí, pueden ser transportados rápidamente hasta una catapulta y lanzados al aire. Cuando los aviones aterrizan en la popa, son empujados hasta un elevador y llevados abajo de modo que el área de aterrizaje quedé despejada para el próximo avión. Este diseño ayuda a la tripulación del portaaviones a trabajar de forma rápida y eficiente. Un servicio rápido significa que los aviones regresarán al aire enseguida. Un portaaviones es un arma poderosa cuando sus aviones están luchando en el aire. El Saratoga y el Lexington fueron los primeros portaaviones modernos. Todos los portaaviones que construya en el futuro la marina de los EE.UU. se parecerán mucho a estos dos barcos.

USS SARATOGA CV3, 1936

Arriba (fotografía) y abajo (ilustración): El Júpiter fue rebautizado como USS Langley. El Langley fue apodado el "Vagón Cubierto" debido a la enorme plataforma que lo cubría.

USS SARATOGA CV3, tras su conversión, 1944

USS LANGLEY CV1

La batalla de Midway

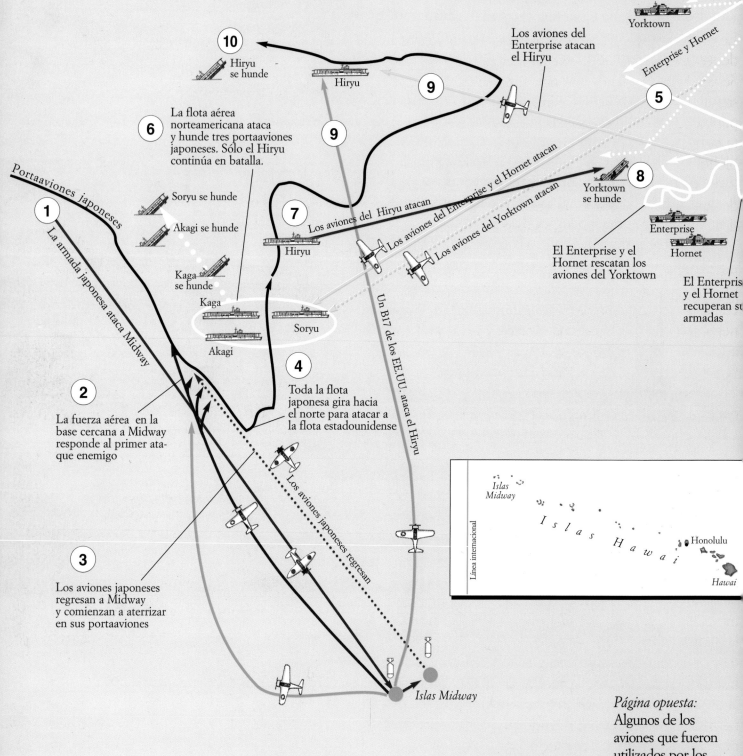

Portaaviones japoneses

La armada japonesa ataca Midway

(1)

(2) La fuerza aérea en la base cercana a Midway responde al primer ataque enemigo

(3) Los aviones japoneses regresan a Midway y comienzan a aterrizar en sus portaaviones

Los aviones japoneses regresan

(4) Toda la flota japonesa gira hacia el norte para atacar a la flota estadounidense

(6) La flota aérea norteamericana ataca y hunde tres portaaviones japoneses. Sólo el Hiryu continúa en batalla.

(10) Hiryu se hunde

Soryu se hunde

Akagi se hunde

Kaga se hunde

Kaga

Akagi

Soryu

Hiryu

(7)

Los aviones del Hiryu atacan

Un B17 de los EE.UU. ataca el Hiryu

(9)

(9)

Hiryu

Los aviones del Enterprise y el Hornet atacan

Los aviones del Yorktown atacan

(5)

Enterprise y Hornet

Yorktown

Los aviones del Enterprise atacan el Hiryu

(8) Yorktown se hunde

El Enterprise y el Hornet rescatan los aviones del Yorktown

El Enterprise y el Hornet recuperan su armadas

Enterprise

Hornet

Islas Midway

Islas Midway

Línea internacional

Islas Midway

I s l a s   H a w a i

Honolulu

Hawai

Página opuesta:
Algunos de los aviones que fueron utilizados por los japoneses y los norteamericanos durante la Batalla de Midway.

La II Guerra Mundial (1939-1945) demostró que los portaaviones eran los barcos más poderosos del océano. Su poder no provenía de las armas del buque, sino de los aviones que eran lanzados para combatir a otros barcos y portaaviones enemigos. La velocidad de un portaaviones es su segunda mejor arma.

Los portaaviones son naves de avanzada, y por lo tanto deben ser capaces de entrar rápidamente en batalla. Se deben acercar a una distancia suficiente para enviar sus aviones, pero no aproximarse demasiado como para ser detectados y atacados por el enemigo. Durante la II Guerra Mundial, los aviones tenían combustible suficiente para volar casi seis horas. De este modo, los portaaviones podían estar a 300 millas (482,8 km) de una batalla. Los aviones volaban hasta la batalla, dejaban caer las bombas y regresaban a toda velocidad.

La Batalla de Midway es la batalla con portaaviones más famosa de la II Guerra Mundial. La marina de los EE.UU. interceptó un mensaje codificado de los japoneses y se enteró de que una enorme fuerza naval iba a capturar la isla Midway, a más de 1.000 millas (1,609.3 km) al norte de Pearl Harbor, Hawai. Si los japoneses se hubieran apoderado de Midway, habrían cortado una base clave de abastecimiento de los EE.UU.

La marina estadounidense envió un escuadrón a luchar contra los japoneses. Éste incluía a los portaaviones USS Yorktown, USS Hornet y USS Enterprise. El 6 de junio de 1942, estos portaaviones enviaron aviones torpederos y bombarderos al encuentro de los japoneses. Tras varias horas de búsqueda, los aviones detectaron y atacaron cuatro portaaviones japoneses y muchos cazasubmarinos (destroyers). Al final de una larga batalla que duró casi todo el día, los cuatro portaaviones japoneses, así como el USS Yorktown se hundieron. Estos cuatro portaaviones eran la fuerza de la armada japonesa y Japón nunca se recuperó de su pérdida. Su hundimiento ayudó a que los EE.UU. derrotaran tres años más tarde a Japón. Además, esta batalla fue la primera batalla naval en la que los barcos enemigos nunca se vieron entre sí. Los aviones hicieron toda la faena. La marina de los EE.UU descubrió que los portaaviones eran los barcos del futuro.

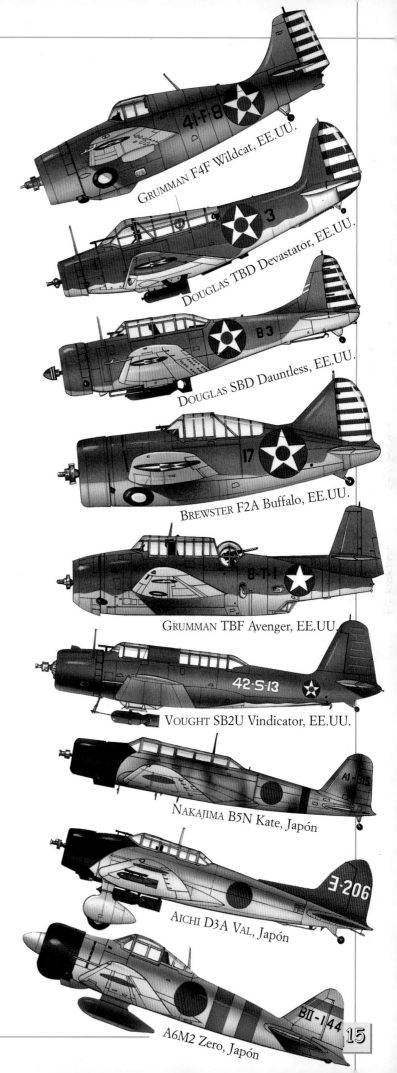

GRUMMAN F4F Wildcat, EE.UU.

DOUGLAS TBD Devastator, EE.UU.

DOUGLAS SBD Dauntless, EE.UU.

BREWSTER F2A Buffalo, EE.UU.

GRUMMAN TBF Avenger, EE.UU.

VOUGHT SB2U Vindicator, EE.UU.

NAKAJIMA B5N Kate, Japón

AICHI D3A VAL, Japón

A6M2 Zero, Japón

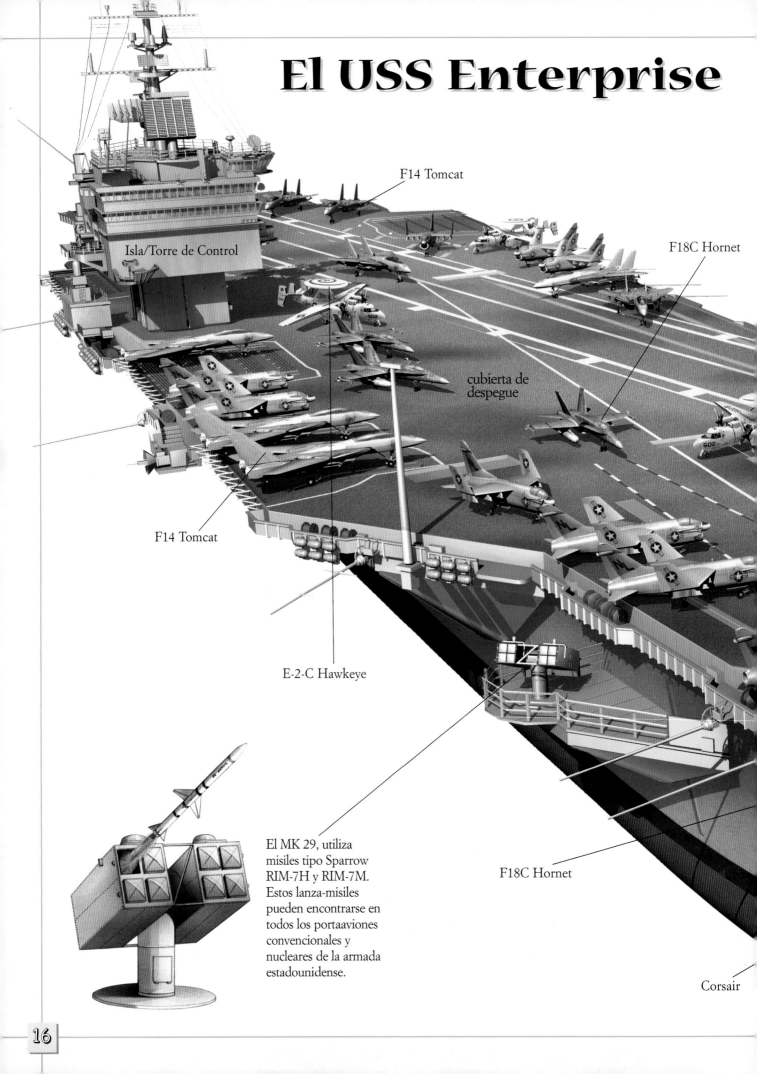

El USS Enterprise

F14 Tomcat

Isla/Torre de Control

F18C Hornet

cubierta de despegue

F14 Tomcat

E-2-C Hawkeye

El MK 29, utiliza misiles tipo Sparrow RIM-7H y RIM-7M. Estos lanza-misiles pueden encontrarse en todos los portaaviones convencionales y nucleares de la armada estadounidense.

F18C Hornet

Corsair

Puesto en servicio en 1961, el USS Enterprise (CVN 65) es la octava nave que porta este nombre y es una de las naves de guerra más grandes, veloces y poderosas jamás construida. Aunque ha sufrido algunos cambios desde 1961, continúa siendo la nave de guerra más veloz del planeta. El Enterprise es un portaaviones de alimentación nuclear que puede navegar a más de 35 millas por hora.

Mide 1,124 pies (342 m) de largo, 257 (78.3 m) de ancho y 250 (76.2 m) de altura. Su cubierta de despegue tiene un área de 4.47 acres (1.8 ha).

E-2-C Hawkeye

NACIONALIDAD: Estadounidense
LONGITUD: 342.3 m   ALTURA: 75.6 m
ÁREA DE CUBIERTA: 335 x 76.8 m; ángulo de cubierta: 8°; 4 catapultas de vapor.
DESPLAZAMIENTO: 75.700 ton. estándar; 89.600 ton. con cargamento completo
SISTEMA DE MOTORES: 4 hélices; turbinas de vapor; reactor nuclear; 280.000 C.V.
VELOCIDAD: 33 nudos (61 km/h)
AUTONOMÍA: Alrededor de 13 años recorriendo millones de millas.
TRIPULACIÓN: 3,100 más 2,400 asignados a maniobras aéreas.
CONSTRUCCIÓN: 1960; entró en servicio en 1961
FLOTA AÉREA: 24 F-14 A/D Tomcats, 24 F/A-18A Hornets, 10 A-6E Intruders, 10 S-3A/B Vikings, 4 E-2C Hawkeyes, 4 cisternas aéreas KA-6D, 6 helicópteros SH-3H Sea King.
ARTILLERÍA: 2 MK 29 lanzamisiles BPDMS (Misil de Defensa Tierra-Aire), OTAN Sea Sparrow con 8 misiles; 3 MK 15 Phalanx CIWS con ametralladoras de 20 mm.

SISTEMA DE DEFENSA A CORTA DISTANCIA

Este sistema de defensa esta presente en todas las naves de guerra estadounidenses desde los años ochenta. Usualmente se conforma de ametralladoras de 20 mm guiadas por radar capaces de disparar 3,000 municiones por minuto. ¡Esto puede provocar mucho daño a cualquier avión o embarcación que se acerque!

El Superportaaviones

La aparición de los aviones a reacción (jets) en la década de 1950 obligó a rediseñar los portaaviones. Los jets son más pesados, aterrizan a mayor velocidad y usan más combustible que los aviones de hélice. También usan bombas más grandes y pueden ir y venir de una batalla a mayor velocidad. Por tanto, los portaaviones necesitaban mayor capacidad para almacenar bombas y combustible, y así permitir que los jets pudieran usarse una y otra vez en la misma batalla. También tenían que ser capaces de permanecer en el mar durante meses. En los años 70, la marina de los EE.UU. necesitaba un superportaaviones.

EL DISEÑO Y LAS NECESIDADES

Diseñar el primer superportaaviones significó mucha planeación. En ese entonces había diferentes tipos de portaaviones: de transporte; para llevar los cazas a zonas de combate; de helicópteros; de cazas más pequeños y para las tropas.

La marina quería modificar el portaaviones, y con ello construir la embarcación más poderosa del océano. Para ello, decidió construir un barco que fuera una ciudad flotante con más de seis mil personas a bordo. El barco necesitaba un hospital, dormitorios, cocinas, y una oficina de correo. También necesitaba talleres, tanques para almacenar combustible y un hangar para más de ochenta y cinco aviones. Por encima de todo, necesitaba la mejor tecnología de aviación naval.

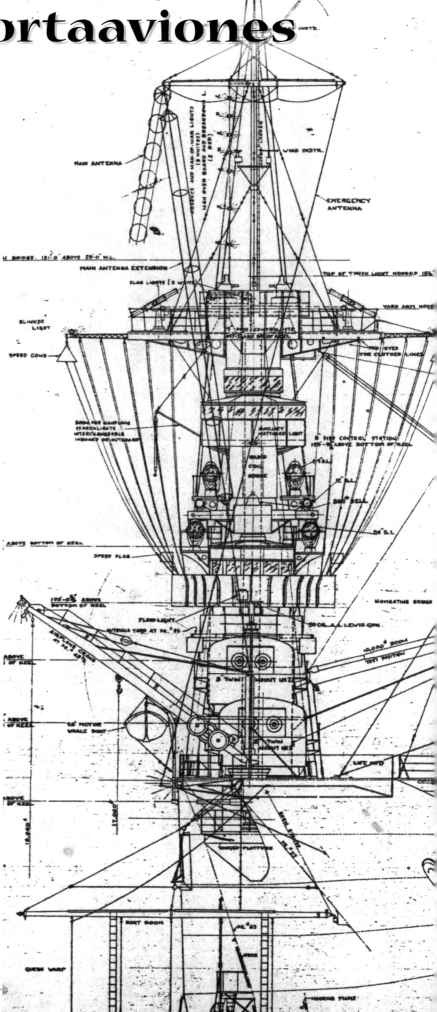

Derecha: Un portaaviones no puede ser más grande que el lugar donde se construye. El astillero de Newport News en Virginia es el único lugar donde se construyen portaaviones. El área más grande del astillero es el Dique Seco 12. Este lugar tiene más de 2.200 pies (670.6 m) de largo y cinco pisos de profundidad.

Finalmente, necesitaba dos reactores nucleares que fueran los más seguros de la Tierra. Los diseñadores pusieron manos a la obra.

Más de veinte años después, once superportaaviones navegan en el océano. El USS Harry S. Truman es el más reciente. Fue puesto en servicio en 1998. El duodécimo portaaviones, el USS Ronald Reagan, demorará algunos años en terminarse. Estos portaaviones cuestan más de cuatro mil millones de dólares cada uno. Pero veamos cómo se construyeron.

Izquierda (fotografía): El casco del USS Ronald Reagan durante su construcción.

Izquierda (dibujo): Plano de construcción de un portaaviones. ¡Los planos que se necesitan para un portaaviones pueden llenar un edificio pequeño!

El diseño del superportaaviones

Los portaaviones son diseñados con la ayuda de computadoras. Los programas de Diseño Auxiliado por Computadoras (CAD) ayudan a los diseñadores a ver cualquier parte del barco. Cientos de ingenieros hacen miles de dibujos. Cada diseño y dibujo pasa por muchos borradores antes de que se apruebe el plano definitivo.

Un barco está formado por miles de piezas. Todas las partes deben encajar con exactitud. Las computadoras ayudan a los diseñadores a "ver" las partes de un barco antes de dibujar los planos definitivos. Gracias a las computadoras, los diseñadores pueden mirar secciones enteras de un barco y ver cómo cada sección se conectará con la siguiente.

Los diseñadores también pueden ver cómo operan ciertas partes del barco. Por ejemplo, las catapultas impulsadas a vapor están debajo de la cubierta de vuelo. Sus piezas se mueven cientos de veces al día. Los diseñadores pueden usar las computadoras para ver cómo funcionará una catapulta, antes de comenzar su construcción. También pueden ver cómo se mueven las placas protectoras en la cubierta de vuelo para asegurarse de que estas serán capaces de proteger a la tripulación de los chorros de vapor de los jets. Usando las computadoras, se puede ver cuánto espacio se necesita tanto para los sistemas de catapultas como para las placas protectoras. Todas estas partes deben comprenderse muy bien antes de armar un barco. Este tipo de diseño tecnológico previene errores que costarían mucho tiempo y dinero.

REUNIÓN DE CEREBROS: LAS PERSONAS QUE CONSTRUYEN SUPERPORTAAVIONES

La marina de los EE.UU. comienza a pensar en construir un nuevo barco cuando uno viejo se vuelve inservible. Los portaaviones Kitty-Hawk se construyeron en los años cincuenta. Para los setenta, ya eran obsoletos. Los portaaviones Kitty-Hawk eran impulsados por hornos de petróleo, pero la marina necesitaba portaaviones impulsados por energía nuclear para que no tuvieran necesidad de volver por combustible. Además, estos portaaviones eran demasiado pequeños para albergar los rápidos y pesados aviones a reacción. Era hora de diseñar un superportaaviones nuclear.

La marina planea la construcción con diez años de antelación. Los primeros cinco años se usan para recaudar fondos y diseñar el barco. La marina pide al Congreso los más de cuatro mil millones de dólares necesarios para la construcción. El Congreso escucha lo que necesitan los expertos navales y ambos hablan sobre la tecnología y el dinero necesario para adquirirla. Cuando el Congreso comprende para qué se usará la inversión, reserva el dinero para la construcción. El dinero para construir los portaaviones viene por etapas. Se

Arriba: Un hombre trabaja en el cuarto de máquinas del USS Saratoga. El equipo de propulsión fue fabricado por la División de Generadores de Vapor y engranaje de la Compañia General Electric.

Derecha: El aspa rota de una hélice en el portaaviones nuclear frances Charles de Gaulle. La embarcación se encontraba realizando pruebas en el Océano Atlántico cuando se separó una sección de la hélice.

asigna una cantidad de dinero para el diseño. Cuando se aprueban los diseños, se otorga el dinero para la construcción. Ésta demora los últimos cinco del plan de diez años. Cuando se termina el casco, se entrega más dinero para completar la embarcación. A veces la tecnología cambia mientras se construye un barco. La mayoría de las nuevas tecnologías pueden ajustarse a los diseños del portaaviones. Por ejemplo, si surge un nuevo sistema de misiles, los diseñadores buscarán un sitio en los planos donde se puedan hacer cambios sin interrumpir la construcción. Quizá, un sistema de botes salvavidas, que aún no haya sido construido, pueda moverse 20 pies (7,6 m) para dejar más espacio a los misiles.

La planta de energía de un portaaviones tipo Nimitz es especial. Sus dos reactores nucleares permiten que el barco permanezca en el mar por más de veinte años sin reabastecerse de energía. Para que la energía nuclear sea una opción real, la marina se tiene que asegurar de que los reactores sean completamente seguros. El vapor radiactivo emitido por el reactor para hacer funcionar los motores puede matar a las personas. El calor creado por los reactores debe ser monitoreado por máquinas electrónicas. Un reactor nuclear que se caliente demasiado puede derretir un barco de acero, o peor aún, puede explotar. Técnicos especialmente entrenados monitorean la utilización y reemplazo del combustible con la ayuda de máquinas electrónicas. La marina sabe que cualquier accidente nuclear significaría el fin del uso de la energía nuclear en sus portaaviones.

LA PLANTA DE ENERGÍA NUCLEAR

Por tanto, el diseño y la construcción de cada reactor nuclear es un proceso muy cuidadoso. Cada paso es objeto de una severa inspección. Por ejemplo, los cientos de tuberías soldadas que se encuentran en un reactor nuclear deben ser examinadas con rayos X para detectar grietas. Las inspecciones regulares continúan durante toda la vida útil del reactor.

Toda la energía de un portaaviones proviene de sus dos reactores nucleares. Esta energía funciona por medio de calor y vapor. El calor desprendido por los reactores nucleares hace hervir el agua hasta convertirla en vapor. El vapor se desplaza a través de tuberías para hacer girar cuatro turbinas. Las turbinas son imanes gigantescos que giran alrededor de ruedas enormes fabricadas de cables de cobre. Esta acción crea electricidad. Un portaaviones usa una enorme cantidad de electricidad. Después de todo, se trata de una ciudad flotante. Casi cada pieza necesita de electricidad para funcionar. Muchas de las cubiertas del barco se encuentran por debajo del nivel de flotación. Allí las luces deben estar encendidas todo el tiempo. Los talleres de reparación de aviones usan electricidad. Los hornos que hacen el pan para los marineros usan electricidad. La planta de energía nuclear de un superportaaviones es capaz de producir electricidad suficiente para una ciudad de 90,000 habitantes las veinticuatro horas del día.

La construcción del superportaaviones

Los barcos más grandes de la marina se construyen en el astillero de Newport News, en Virginia, donde se han construido embarcaciones desde hace más de cien años. El astillero usa enormes grúas y diques secos en el río James para la construcción. Miles de obreros colaboran con la construcción de estos enormes barcos y cada uno trabaja en la misma embarcación muchos años.

Los portaaviones son los barcos más grandes del mundo y construir uno requiere mucho espacio. Los diques secos ayudan a los constructores a armar un portaaviones antes de lanzarlo al océano. Un dique seco no permite el contacto con el agua hasta que el casco no haya sido construido. Entonces el barco se pone en el agua y puede flotar. Sin embargo, existe un problema. El dique seco más grande puede contener sólo 30 pies (10.9 m) de agua. El casco de un portaaviones se hunde más de 30 pies en el agua cuando está completamente cargado con aviones, tripulación y suministros. Por tanto el barco no puede terminarse en el dique seco. Una vez que el casco se ha acabado, el barco se echa al agua y se conduce hasta un muelle de aguas profundas en el río James. Ahí se termina su construcción.

En el Dique Seco 12 se construyen todos los barcos de gran calado. Tiene más de 2,000 pies (609 m) de largo, dos veces más que el portaaviones terminado. El dique tiene más de cinco pisos de profundidad y provee espacio suficiente para armar el casco de forma segura. Una enorme grúa se traslada de un extremo al otro del dique por medio de rieles de acero. Esta grúa es capaz de levantar hasta 900 toneladas y se usa para alzar los cientos de enormes secciones de acero que deben unirse para armar un portaaviones. Detrás del Dique Seco 12 hay talleres donde se construyen las partes más pequeñas del barco. La calefacción y el aire acondicionado deben fabricarse de modo que se ajusten en su estructura. Las paredes de separación entre habitaciones se deben construir de

Abajo: Construcción del Ronald Reagan en el astillero de Newport News.

Derecha: Dique seco en el astillero Newport News en Virginia. Los bloques de madera se colocan en el fondo para proteger al barco durante la construcción.

modo que encajen exactamente en el espacio asignado.

Cada uno de los miles de obreros que construyen un portaaviones tiene un trabajo específico. Cientos de electricistas instalan cables dentro de las tuberías para conectar todos los equipos electrónicos. También conectan los miles de interruptores y accesorios eléctricos. Los soldadores unen las piezas de metal que conectan los suelos, las paredes, las puertas, los techos e incluso, las mesas. Los plomeros instalan las tuberías de los baños, cocinas y talleres, de las duchas y de los grifos. Cuando estos ejércitos de constructores terminan una parte del barco, se mudan a otra, hasta completar todas las partes del plano.

Derecha: Este dibujo muestra la escala de un portaaviones. ¡Un portaaviones moderno es tan grande como el Edificio Empire State!

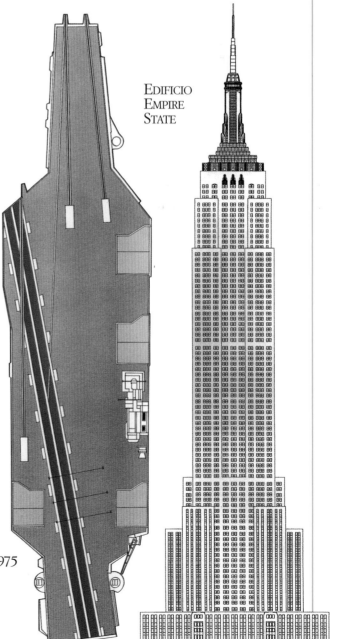

EDIFICIO EMPIRE STATE

USS JOHN F. KENNEDY, 1975

Comienza la construcción

El portaaviones USS Ronald Reagan CVN 76 durante su construcción en el astillero Newport News de la marina de los Estados Unidos.

Construir los barcos más modernos de la marina es un proceso que comienza con la tecnología de astilleros más antigua. Cientos de enormes bloques de madera se colocan en el suelo del Dique Seco 12 en los lugares donde descansará el casco del barco en los próximos años. Algunos de estos bloques son más grandes que un automóvil y son de madera para que puedan soportar mucho peso. Al mismo tiempo protegen el acero, impidiendo que el casco se agriete al colocar más peso en el proceso de construcción.

COLOCANDO LA QUILLA

La quilla, o fondo del barco, se construye por secciones y éstas se trasladan al astillero. Las grúas toman del dique la primera sección de la quilla y la colocan sobre los bloques de madera en el suelo del dique seco. Cada sección entra por turnos en el dique y es soldada por los obreros del astillero. Este trabajo es el más importante del proceso de construcción. La quilla del barco debe armarse exactamente según los planos. De lo contrario, el barco no flotará ni navegará correctamente. Este trabajo dura hasta cinco meses. Colocar la quilla es tan importante que al terminarla se realiza una ceremonia.

ARMAR LA PIEZAS

Hay trabajos que se llevan a cabo mientras se está soldando la quilla. Se construyen las mamparas y los compartimientos y se espera hasta que los obreros puedan instalarlos. Estas piezas son parte de la estructura del barco. Se hacen de antemano para ahorrar tiempo y evitar que la construcción se detenga. No todas las partes de la estructura de un barco se fabrican al mismo tiempo. Son demasiadas paredes de acero, puertas, escaleras y pisos. Ningún astillero desea guardar todas esas partes durante meses. Muchas de las partes de un barco se encomiendan a un fabricante para que las tenga listas cuando sean necesarias. Los constructores llaman al fabricante cuando se acerca la fecha en que necesitan determinada sección. El fabricante construye la sección y la envía al astillero, justo a tiempo para instalarla en el barco. Este método ahorra tiempo, espacio y dinero.

Un portaaviones terminado pesa más de 95,000 toneladas. Al menos dos tercios del peso provienen del acero utilizado en el casco, la torre de control y los compartimientos internos.

Orientándose en un portaaviones

Miles de pasillos serpentean dentro de un portaaviones, por lo que en cada compartimiento se colocan mapas que indican a los tripulantes su localización. Un portaaviones se divide en 256 secciones. La sección uno está en la proa y la 256 en la popa. Los números de los pasillos están divididos en pares y nones. Los pares están al lado izquierdo del barco y los nones, al derecho.

COMPARTIMIENTOS, TUBERÍAS Y CABLES

Así como se colocan los pisos del portaaviones, también se instalan tuberías, cables y compartimientos. Hay más de mil compartimientos en un portaaviones. Las tuberías y los cables de un barco vienen a ser las venas de su cuerpo. Permiten que el barco viva, llevando electricidad, aire y agua a todas sus partes. Los constructores confían en los planos a la hora de instalar cada tubería o cable. Más de 900 millas (1,448.4 m) de tuberías y cables se extienden por toda la nave. También hay 30,000 accesorios eléctricos.

DEL DIQUE SECO AL OCÉANO

Un portaaviones permanece tres años en el dique seco y dos más en un muelle de aguas profundas. El barco está listo para zarpar cuando tiene instaladas todas la computadoras, bombas, camas, mesas y baños. Sin embargo, antes de ponerse al servicio de la marina, el portaaviones debe hacer una serie de recorridos en alta mar para comprobar que todas las partes funcionan de forma correcta. Los marineros usan todas las piezas del equipo y revisan todas las partes móviles. Estas pruebas se llevan a cabo durante varios meses. En la cubierta de vuelo se prueban las catapultas de vapor y los cables de retención. No se coloca ningún avión hasta que todos los mecanismos de la cubierta de vuelo hayan sido probados al menos dos veces. La seguridad de la tripulación depende de la seguridad del barco. La marina no pone en servicio un barco que tenga alguna falla.

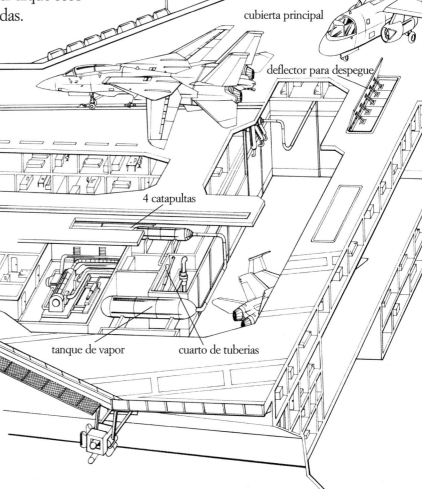

SPS-67 radar de superficie
SPS-49v radar aéreo
luz para el Mk.91 Sea Sparrow
puente
puente bandera
línea de flotación
cuarto de descongelación
cuarto de máquinas

cubierta principal
deflector para despegue
4 catapultas
tanque de vapor
cuarto de tuberias

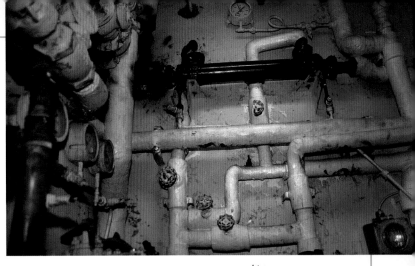

Derecha:
Una sección de las más de 900 millas (1,448.4 m) de tuberías y cables de un portaaviones. Esta fotografía corresponde al USS Coral Sea.

USS HARRY S. TRUMAN

Diagrama (arriba): Corte de la popa del USS Harry S. Truman.

Diagramas (fondo): Vista aérea del USS Harry S. Truman.

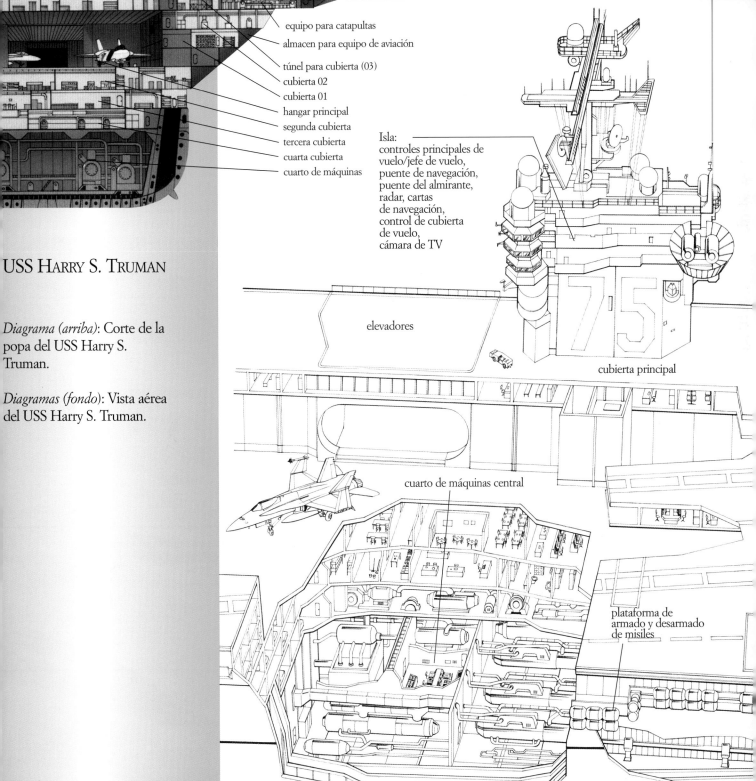

equipo para catapultas

almacen para equipo de aviación

túnel para cubierta (03)

cubierta 02

cubierta 01

hangar principal

segunda cubierta

tercera cubierta

cuarta cubierta

cuarto de máquinas

Isla:
controles principales de vuelo/jefe de vuelo, puente de navegación, puente del almirante, radar, cartas de navegación, control de cubierta de vuelo, cámara de TV

elevadores

cubierta principal

cuarto de máquinas central

plataforma de armado y desarmado de misiles

La dotación aérea y las operaciones de vuelo

El poder de combate de un portaaviones proviene del poder de sus aviones. Esto se debe a que el propósito de un portaaviones es enviar aviones a patrullar y combatir. No puede haber un libro sobre portaaviones que no hable de las operaciones de vuelo del barco. Un portaaviones sólo tiene algunos misiles defensivos. Sin su dotación aérea es como un pato en el agua.

LA CUBIERTA DE VUELO

La parte más activa de un portaaviones es la cubierta de vuelo o "techo" como la llaman los marineros. Todos los trabajos aquí se concentran en ayudar a los aviones en sus maniobras de despegue y aterrizaje. La dotación aérea usa la mitad de la tripulación del barco en las operaciones de despegue y aterrizaje de sus más de ochenta cazas. Esto significa que más de tres mil marineros trabajan para la dotación aérea. Los otros dos mil hacen funcionar el barco.

La cubierta de vuelo tiene más de 1.000 pies (304 m) de largo y 252 pies (76.8 m) de ancho. Su área es igual a 4.5 acres (1.8 ha). La actividad que se desarrolla en el techo tiene lugar cerca de los cuatro elevadores, las cuatro catapultas y el área de aterrizaje con sus cables de retención.

En los portaaviones de ataque se usan siete clases de aviones:

Intruder A-6 (bombardero de bajo nivel)
Tomcat F-14 (caza de dos asientos)
Viking S-3B (cazador de submarinos y abastecedor de combustible aéreo)
Prowler EA-6B (avión de interferencia electrónica)
Hornet F/A-18 (caza bombardero de un solo asiento)
Hawkeye E2C (avión radar)
Seahawk SH-60 (helicóptero de búsqueda y rescate)

SH-60 SEAHAWK

NAVY

101

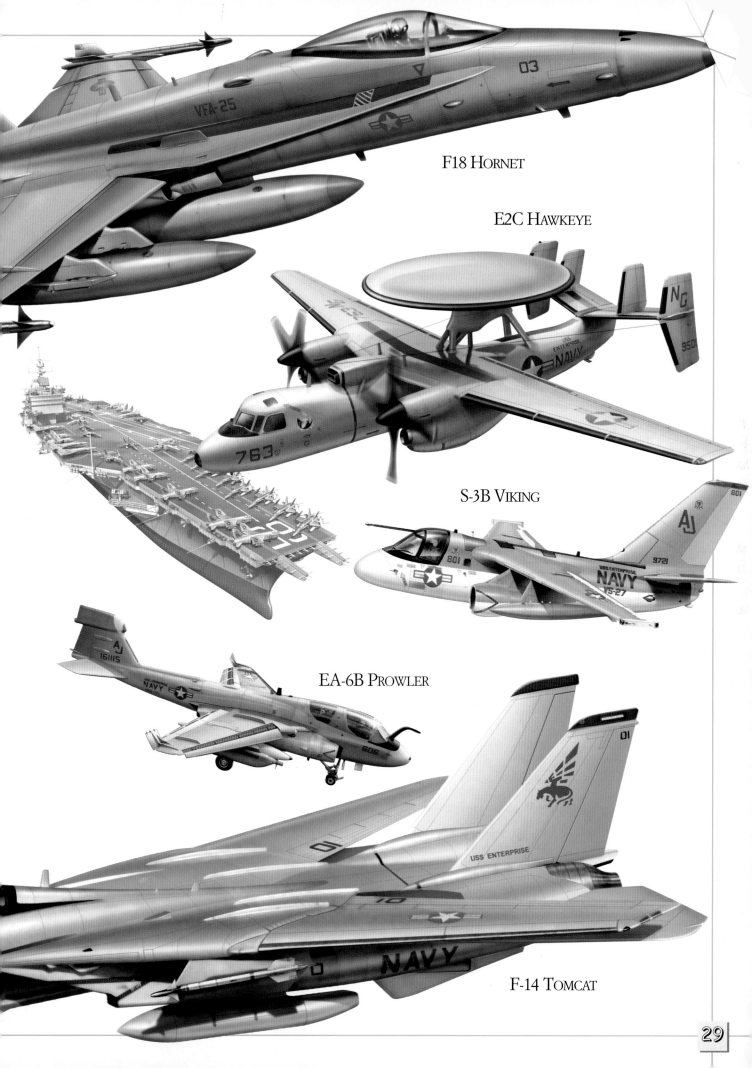

F18 HORNET

E2C HAWKEYE

S-3B VIKING

EA-6B PROWLER

F-14 TOMCAT

Los elevadores y la cubierta inclinada

Izquierda: Un avión de combate Grumman F6F Hellcat llega a la cubierta de vuelo mediante un elevador. USS Monterey, Junio 1944.

Abajo: La tripulación lleva un F-14 Tomcat hacia un elevador en la cubierta de vuelo de un portaaviones.

Abajo: Miembros de la tripulación del USS Saratoga conducen un Hellcat hacia su posición en el elevador que lo llevará al hangar. Noviembre de 1943.

Un portaaviones tiene cuatro elevadores. Cada uno es lo suficientemente grande como para subir dos aviones con las alas plegadas. Dos elevadores están delante de la torre de control, a estribor, y otros dos detrás de ésta. La posición de los cuatro elevadores permite el tráfico fluido de aviones que despegan y aterrizan. Cuando los aviones están listos para despegar, se suben de dos en dos en los elevadores. Una vez en la cubierta de vuelo, se colocan en posición de despegue y se catapultan. Cuando un avión aterriza, es trasladado rápidamente a los elevadores traseros y bajado a los hangares, de modo que la cubierta quede despejada. La marina no quiere que sus aviones se queden en la cubierta de los portaaviones. Si un avión se estrellara al aterrizar, podría chocar con los aviones que estén en la cubierta. También podría matar gente. Podría detener las operaciones de vuelo y arruinar el plan de batalla.

LA CUBIERTA INCLINADA

Los portaaviones de la II Guerra Mundial tenían una larga cubierta de vuelo que cubría todo el largo del barco. Este diseño cambió en los años 50, cuando se empezaron a usar los aviones a reacción. Los jets son más veloces que los aviones de hélice. Los expertos temían que los jets no pudieran detenerse al aterrizar y se estrellaran contra los aviones que esperaban en la cubierta delantera para despegar.

Para evitar estos accidentes, la marina diseñó una cubierta inclinada en la parte trasera del barco. Esta cubierta es más pequeña que la delantera, hace un ángulo de catorce grados con el centro del barco y termina más allá del puente de mando. Todos los aviones aterrizan en la cubierta inclinada usando cables de retención, lo cual mantiene a salvo a la cubierta delantera. También permite que la cubierta delantera se use constantemente para operaciones de despegue.

El cambio de diseño ayudó a que los portaaviones se hicieran más efectivos y poderosos. Más tarde, la marina se dio cuenta de que no siempre había aviones aterrizando en la cubierta inclinada, de modo que decidieron aprovecharla también para los despegues. Descubrieron que la cubierta era lo suficientemente grande como para añadirle otras dos catapultas. Esto ayudó a la tripulación a poner aviones en el aire a más velocidad. La cubierta inclinada también admitía un cuarto elevador. Finalmente, el peso añadido al construir la cubierta inclinada ayudó a compensar el peso del puente. Ahora el portaaviones no tenía que llevar lastre adicional para balancear el barco. Hoy en día, todos los superportaaviones tienen cubiertas inclinadas y cuatro elevadores.

Los dibujos a la izquierda muestran el Proyecto Espacial británico llamado Skyhook. Se trata de una grúa especial colocada en la embarcación capaz de alzar verticalmente un aeroplano, llevarlo sobre la borda y lanzarlo una vez que el motor ha alcanzado cierta velocidad. Para recuperar el avión, este debe volar a unos 10 pies (3 m) sobre la grúa a la misma velocidad que el portaaviones, con lo cual la grúa puede recapturarlo.

Esto permite que un barco más pequeño obtenga la capacidad de un portaaviones sin requerir mayores cambios en su diseño.

El USS *MIDWAY* de 1946, tiene una cubierta antígua (recta).

El USS *CORAL SEA* de 1964 tiene una cubierta angulada.

Operaciones de vuelo

Los jets se envían a misiones casi todos los días que el portaaviones está en el mar y en época de guerra, las operaciones pueden continuar hasta dieciocho horas al día. Los pilotos y marineros de la dotación aérea trabajan turnos de doce horas realizando diferentes labores en cada fase de la operación. Cada trabajo se coordina para que la gente trabaje conjuntamente. Los marineros y los pilotos usan sus habilidades y la tecnología del barco para hacer sus trabajos con rapidez y seguridad.

EL JEFE DE VUELO

El jefe de vuelo controla toda la actividad de la dotación aérea y da órdenes al personal del hangar y al de la cubierta desde la torre de control. El personal de cubierta carga los aviones, los abastece de combustible y los traslada de acuerdo al programa del jefe de vuelo. Una maqueta de la cubierta de vuelo ayuda al jefe de vuelo y a sus dos ayudantes a hacer su trabajo. Los modelos de todos los tipos de aviones que se encuentran en la cubierta de vuelo real son ubicados en sus posiciones respectivas en la maqueta.

ABASTECIMIENTO DE COMBUSTIBLE

Los aviones de combate se quedan en el hangar hasta que están listos para despegar. Sus alas se retraen para ahorrar espacio. El abastecimiento de municiones y combustible se realiza en el hangar y en la cubierta de vuelo. Los abastecedores de combustible utilizan mangueras que extraen el combustible de los tanques de los hangares. Servir combustible en la cubierta es peligroso porque se lleva a cabo mientras se realizan operaciones de vuelo alrededor del avión. Un accidente puede provocar un incendio, o peor, una explosión.

Arriba y derecha:
Estos dibujos muestran los colores de los uniformes de los trabajadores de un portaaviones. Los códigos de color facilitan la identificación del personal y hacen más eficiente el funcionamiento de la nave.

Derecha, fotografía:
Aunque cada persona realiza un trabajo específico, el funcionamiento de un portaaviones es un trabajo de equipo.

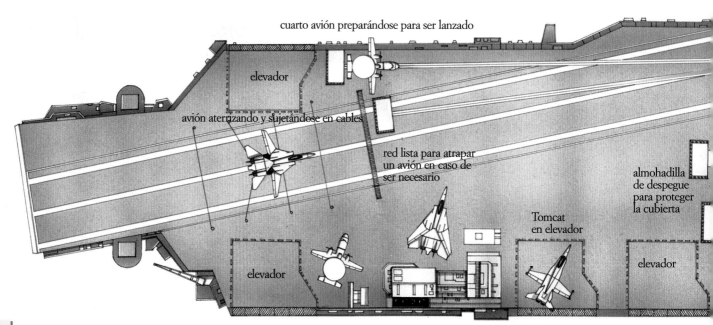

cuarto avión preparándose para ser lanzado

elevador

avión aterrizando y sujetándose en cables

red lista para atrapar un avión en caso de ser necesario

elevador

Tomcat en elevador

almohadilla de despegue para proteger la cubierta

elevador

ABASTECIMIENTO DE MUNICIONES

Los amunicionadores enganchan el armamento a la parte inferior de los aviones. El tipo de misil o bomba que se use depende del tipo de misión que el avión va a realizar. Una vez que el avión es amunicionado, un remolcador lo hace rodar hasta un ascensor. Ahí, el avión es elevado hasta la cubierta donde espera su turno de despegue.

El personal de la cubierta de vuelo usa ropa de varios colores de acuerdo al tipo de trabajo.
AMARILLO: indican a los aviones dónde deben situarse
BLANCO: inspectores de seguridad
MARRÓN: mantenimiento
AZUL: manejan los tractores que trasladan los aviones
VERDE: manejan las catapultas y los tensores
PÚRPURA: abastecedores de combustible
ROJO: cargan las armas
PLATEADO: bomberos y rescatistas

Izquierda, abajo: La ilustración muestra cómo despegan y aterrizan los aviones. En la parte trasera, un avión se ha enganchado en los cables. Al mismo tiempo los aviones se lanzan desde la catapulta en la parte frontal de la nave.

segundo avión al ser lanzado de la catapulta

tercer avión preparandose para el despegue. El 2 y 3 no se lanzan juntos.

Derecha: Un Camiseta Verde manejando la catapulta de vapor que asegura un despegue seguro y eficiente.

primer avión al ser lanzado de la catapulta

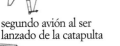

Catapulta de vapor

La catapulta de vapor es una de las maquinarias más complejas en un portaaviones y cuenta con un sistema de tuberías, situado debajo de la superficie de la cubierta, que se encarga de extraer el vapor de un generador. Se utilizan válvulas para conservar el vapor a presión en una tubería principal hasta que es liberado como un disparo. Cada una de las cuatro catapultas tiene un largo de 302 pies (92.1 m). El personal de las catapultas, que es conocido como Camisetas Verdes, engancha la barra de impulso a las ruedas delanteras del avión.

El piloto enciende los motores hasta alcanzar la máxima potencia y aplica los frenos. La máxima potencia del motor es mucho más de lo que los frenos pueden soportar, por lo que el avión también está conectado a una barra de acero llamada de retención. Un motor funcionando a la máxima potencia, combinado con el impulso dado por la catapulta, permite que el avión alcance una velocidad óptima de despegue de 175 millas por hora (281,6 km/h).

Cuando se han revisado todos los sistemas, el piloto avisa al Camiseta Verde que se encuentra fuera del avión. Éste hace una señal con el pulgar en alto al oficial de la catapulta, conocido como disparador. El disparador aprieta un botón y la fuerza del vapor impulsa la catapulta y el avión en dirección al mar. La barra de impulso y la de retención se liberan y el avión comienza a volar. El secreto para un catapultaje exitoso es usar la cantidad adecuada de energía de vapor. Muy poca potencia no le daría al avión suficiente velocidad para despegar y caería al mar. La cantidad adecuada de energía de vapor depende del peso del avión. Los pilotos conocen el peso del avión con el tanque lleno de combustible. Le añaden el peso de los misiles y las bombas y se lo comunican al Camiseta Verde. Éste escribe el peso del avión en una pizarra. El disparador mira en un libro especial para determinar la cantidad de vapor que nece-

sello del cilindro

tubos gemelos del cilindro

cilindro de retraso

Los pilotos y los aviones se golpean bastante durante los aterrizajes El avión cae con tanta fuerza y frena tan rápidamente que los pilotos llaman a los aterrizajes "un choque controlado".

SISTEMA DE RETENCIÓN

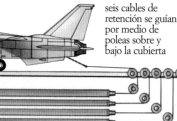

seis cables de retención se guían por medio de poleas sobre y bajo la cubierta

CABLES DE RETENCIÓN

Los aviones de reacción no vuelan bien a bajas velocidades porque son pesados, están diseñados para volar a más de 500 millas por hora (804.7 km/h) y deben aterrizar a 150 millas por hora (241.4 km/h). Los frenos de aire, o alerones, ayudan a reducir la velocidad a medida que el avión se acerca a cubierta. La única forma en que un avión puede detenerse encima de un barco es enganchándose al cable de retención con un gancho de 8 pies (2.4 m) que cuelga de la cola del avión.

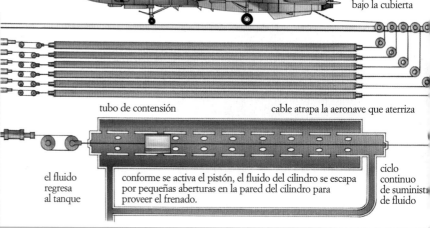

tubo de contensión

cable atrapa la aeronave que aterriza

el fluido regresa al tanque

conforme se activa el pistón, el fluido del cilindro se escapa por pequeñas aberturas en la pared del cilindro para proveer el frenado.

ciclo continuo de suministro de fluido

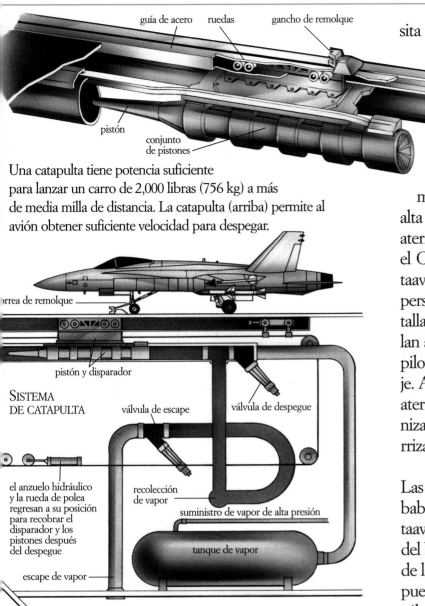

guía de acero   ruedas   gancho de remolque

pistón

conjunto
de pistones

Una catapulta tiene potencia suficiente
para lanzar un carro de 2,000 libras (756 kg) a más
de media milla de distancia. La catapulta (arriba) permite al
avión obtener suficiente velocidad para despegar.

orrea de remolque

pistón y disparador

SISTEMA
DE CATAPULTA

válvula de escape

válvula de despegue

el anzuelo hidráulico
y la rueda de polea
regresan a su posición
para recobrar el
disparador y los
pistones después
del despegue

recolección
de vapor

suministro de vapor de alta presión

tanque de vapor

escape de vapor

Arriba: Las catapultas consisten de dos filas de tuberías por debajo
de la cubierta de despegue. Una barra en la punta del avión se
sujeta de una lanzadera y se conecta a los pistones. Ahí, un aparato
de frenado mantiene al avión en su sitio mientras se incrementa la
presión. Cuando se da una señal, la catapulta es disparada.
El vapor inunda los cilindros y libera el mecanismo de freno, lo
cual impulsa a los pistones, la lanzadera y al avión hacia adelante.
Un sistema de cables y poleas regresan la lanzadera a su posición
original para el siguiente despegue.

sita para lanzar el avión. ¡Una catapulta puede
lanzar un avión de 0 a 175 millas por
hora (281.6 km/h) en menos de
dos segundos!

OPERACIONES DE ATERRIZAJE

Aterrizar un avión en un portaaviones es tan importante como cualquier
misión aérea. Un portaaviones usa equipos de
alta tecnología y comunicación radial para sus
aterrizajes. Los pilotos se ponen en contacto con
el Centro de Control de Tráfico Aéreo de Portaaviones (CATCC), donde media docena de
personas utilizan equipos computarizados y pan-
tallas de radar para seguir a los aviones que vuelan alrededor del barco. El CATCC le dice a los
pilotos dónde dirigirse para preparar el aterrizaje. A menudo hay varios aviones esperando para
aterrizar al mismo tiempo. El CATCC los orga-
niza, y en condiciones óptimas, permite un aterrizaje cada treinta segundos.

Las lentes son un sistema de luces ubicado a
babor. Los pilotos dan vueltas alrededor del portaaviones para aterrizar y se aproximan a la popa
del barco. Bajan el tren de aterrizaje y el gancho
de la cola. Desde una milla de distancia el piloto
puede ver las brillantes luces de las lentes, pero
sólo cuando el avión se acerca con el ángulo adecuado para aterrizar en el portaaviones. En el
centro de la hilera de luces hay una luz ámbar. A
ésta se le llama la Albóndiga. Cuando el piloto
divisa la Albóndiga, significa que tiene el ángulo
perfecto para aterrizar. La Albóndiga guía a los
pilotos hacia la cubierta donde el gancho de la
cola puede engancharse a los cables de retención.

Se usan cuatro cables de retención hechos de acero
trenzado de 2 pulgadas de grosor (5 cm). Se sitúan a lo
largo de la cubierta inclinada a una distancia de 50 pies
(15.2 m) entre sí. Cada cable está conectado a un sistema
de freno debajo de la cubierta de vuelo. El avión aterriza
con el gancho de cola colgando. Cuando el avión hace
contacto con la cubierta, el gancho se engancha a uno
de los cables y detiene el avión en una distancia de
325 pies (99 m). Cuando el avión se engancha al cable,
el sistema de freno lo detiene rápida y fácilmente. El
sistema de freno evita que el cable se parta y el avión
caiga al océano.

Defensa de alta tecnología

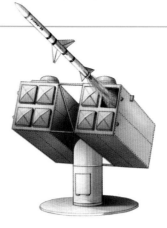

Un portaaviones es tan poderoso como su dotación aérea. Sin embargo, ni los portaaviones ni las dotaciones aéreas podrían funcionar sin la ayuda de las computadoras, los equipos de radar y el personal que los maneja. Las computadoras ayudan a manejar cada una de las partes del barco. El radar rodea al portaaviones de una red defensiva y parte de la dotación aérea ayuda a ampliar esta defensa. La defensa aérea del portaaviones comienza en el punto más lejano y funciona hacia adentro. El portaaviones usa aviones equipados con radares y Patrullas de Combate Aéreo (CAP) para pelear contra cualquier avión enemigo que se aproxime.

ÚLTIMA LÍNEA DE DEFENSA
Las últimas líneas de defensa de un portaaviones son su radar y sistema de misiles. Se usa el radar para rastrear el aire y el mar a 20 millas a la redonda (32,2 km). A veces un misil o avión enemigo se las arregla para atravesar las defensas exteriores. Cuando esto sucede, el portaaviones usa su sistema de misiles Sea Sparrow. Este misil tiene un alcance de 10 millas (16,1 km) y usa su propio radar para seguir el objetivo una vez que es lanzado.

Los Sea Hawks SH-60 son helicópteros cazasubmarinos. Vuelan lejos del portaaviones y dejan caer boyas provistas de sonar en el agua. El sonar emite ondas que buscan la posición del submarino enemigo. Una vez encontrado, el sonar envía la posición a los aviones Viking.

Los Tomcats F-14 protegen a los portaaviones de la aviación enemiga que pueda acercárseles. Los Tomcats llevan su propio radar para encontrar aviones enemigos. Tienen misiles que pueden destruir blancos enemigos a 20 millas de distancia (32.2 km).

Los Prowler EA-6 usan equipos para interferir radares enemigos. Estos equipos de interferencia envían señales electrónicas que evitan que los misiles y aviones enemigos localicen el portaaviones.

información

información

20 millas

última defensa

150 millas

Los Viking S-3B se dedican a cazar submarinos. Los Vikings usan radares especiales y rayos infrarrojos o detectores de calor para localizar submarinos debajo del agua. Una vez localizados, los Vikings atacan a los submarinos dejando caer torpedos.

Los superportaaviones tienen una defensa que alcanza las 150 millas (241 km). Ésta comienza con los aviones de reconocimiento (AEW). El Hawkeye E2C está equipado con un radar y otras máquinas electrónicas que le permiten ser los ojos y oídos del portaaviones.

primera defensa

RASTREO DE RADAR

El radar utiliza ondas para rastrear objetos en el aire o la tierra. Las unidades de radar envían ondas de radio al aire. Esas ondas de radio chocan contra todo lo que haya en el aire o en la tierra.

Al rebotar, las ondas regresan a las unidades de radar y muestran su imagen en una pantalla de video.

BEWARE OF JET BLASTPROPS AND ROTORS

La "isla" es el centro de operaciones de combate en un portaaviones. En el nivel superior está la Torre de Control que dirige los aviones sobre la cubierta y hasta 5 millas (8 km) de distancia del portaaviones. El Puente de Navegación es el siguiente nivel, desde donde se maneja el propio movimiento del barco. El siguiente nivel es el Puente Bandera, que es utilizado por un almirante cuando viaja abordo del portaaviones.

Portaaviones ligeros

Algunos portaaviones son más pequeños y ligeros que los superportaaviones tipo Nimitz. Construir estos portaaviones cuesta mucho menos dinero y cada uno realiza tareas especiales para la flota que los utiliza.

La mayoría de las flotas extranjeras usan estos portaaviones debido a que su costo es más bajo en comparación con los superportaaviones. Hay cuarenta portaaviones en el mundo. La marina norteamericana tiene veinticuatro: doce de ellos son superportaaviones y doce son portaaviones ligeros. A Rusia le queda un superportaaviones de su antiguamente poderosa armada; otros cuatro portaaviones ligeros han sido retirados de servicio. Gran Bretaña tiene cinco portaaviones. La India tiene dos portaaviones pequeños que le compró a Gran Bretaña. Francia tiene dos, e Italia y España tienen un portaaviones ligero cada una. La tecnología de todos estos portaaviones proviene de Estados Unidos, que es el líder mundial en tecnología militar. Sus modelos y sistemas de armas han sido vendidos a países amigos o copiados por los propios ingenieros navales de esos países. Sin embargo, algunos cambios en los modelos de los portaaviones han provenido de otras armadas, como la rampa de esquí usada por la marina británica.

INVENCIBLE
El dibujo muestra el lanzador doble de misiles aire-tierra del portaaviones Invencible.

HMS INVINCIBLE

PORTAAVIONES TIPO INVENCIBLE

La marina británica ha construido portaaviones tipo Invencible para tareas antisubmarinas. Estos llevan hasta 10 helicópteros Sea King y 14 aviones de despegue vertical Harrier. Los portaaviones tipo Invencible tienen casi la mitad del tamaño de un portaaviones tipo Nimitz de ataque. Se construyen de este tamaño porque los helicópteros y aviones de despegue vertical no necesitan mucho espacio para despegar. Los portaaviones tipo Invencible tienen potencia para navegar hasta a 32 millas por hora (51,5 km) y tienen su propia defensa antiaérea. Además, pueden reparar los aviones debajo de la cubierta. Esto le permite a la nave mantenerse en alta mar durante varios meses. Estos portaaviones también tienen una pista de despegue. Esta pista es corta pero tiene una rampa de esquí al final para darle al avión un impulso adicional. El diseño de la rampa es sencillo y ahorra el costo y mantenimiento necesario para los sistemas de catapulta. Cuando un avión recorre la pista, hace impacto contra la rampa y se impulsa hacia el espacio. Esto permite que el avión gane altura. Los jets ligeros como el Harrier, usan la rampa cuando necesitan cargar combustible o misiles adicionales. Un despegue vertical utilizaría demasiado combustible con este peso adicional.

AVIONES DE DESPEGUE VERTICAL

Estos aviones usan un sistema de despegue y aterrizaje vertical o VTLO. Sus reactores giran hacia abajo para levantar el avión del suelo. Cuando está en el aire, los reactores giran para impulsar el avión hacia adelante. Cuando el avión alcanza las 170 millas por hora (273.6 km/h) empieza a volar como un avión normal.

El avión de despegue vertical Harrier es la principal defensa de los portaaviones antisubmarinos. El Harrier es un avión de combate capaz de disparar a blancos aéreos y terrestres a una distancia de 25 millas (40.2 km). El avión de despegue vertical es una aeronave especial porque puede despegar y aterrizar moviéndose, no hacia adelante, sino hacia arriba y hacia abajo como un helicóptero. Esto hace del Harrier un avión defensivo perfecto para los portaaviones pequeños.

HELICÓPTEROS ANTISUBMARINOS

Los helicópteros Sea King se usan para cazar submarinos. Dos helicópteros patrullan el mar alrededor del portaaviones. El primer Sea King deja caer al agua una boya equipada con sonar. El sonar capta el sonido de las hélices de los submarinos. El segundo Sea King deja caer un torpedo guiado Stingray en el agua. El torpedo guiado usa su propio sonar para buscar y destruir los submarinos.

Portaaviones del mundo

PORTAAVIONES RUSOS

El programa de portaaviones ruso tuvo un lento comienzo y su primer portaaviones sólo fue puesto en servicio en 1965. Estas naves no fueron capaces de proveer suficiente cobertura como para ser útiles en operaciones navales. Por lo tanto, la marina rusa trató de utilizar diseños de los Estados Unidos para fabricar un portaaviones efectivo. Desafortunadamente, muchas barreras políticas y recortes en el presupuesto complicaron a la marina realizar la construcción. Los rusos tenían que llegar a un acuerdo, y las naves de clase Kiev fueron la solución. Estas embarcaciones eran efectivas, pero no fueron construidas con la idea de usarlas permanentemente. Finalmente un portaaviones de tamaño mediano entró en servicio en 1991. Su nombre es Almirante Kuznetsov, y es el único portaaviones de la marina rusa.

EL PORTAAVIONES NUCLEAR FRANCES

Los franceses pusieron en servicio el Charles de Gaulle en el 2000. Éste es su primer portaaviones nuclear y fue diseñado para reemplazar al Clemenceau, de energía convencional. El de Gaulle es 40 por ciento más grande que el Clemenceau, y tiene tres catapultas capaces de hacer despegar un avión por minuto. El portaaviones utiliza dos reactores nucleares y puede avanzar a 25 nudos de forma continua durante 5 años. Francia planea construir otro portaaviones de esta clase para mantenerse como la marina más poderosa de Europa.

CLEMENCEAU

PORTAAVIONES CRUCERO ITALIANO

Los italianos utilizan principalmente portaaviones ligeros o crucero en su armada. Anteriormente éstos transportaban helicópteros o naves de aterrizaje y despegue vertical. Su más novedoso crucero, el Giuseppe Garibaldi, fue diseñado para transportar tanto aviones de alas fijas como helicópteros. Esto le da un nuevo papel en la marina italiana. Lejos de enforcarse principalmente en ataques antisubmarinos, la embarcación se comporta como los superportaaviones. Su objetivo es proveer superioridad aérea en la zona de operaciones de la flota naval y actuar como ofensiva en cualquier situación. Su diseño le permite ser bastante flexible en términos del tipo de aereonaves que puede transportar dependiendo de las necesidades de cada operación.

GIUSEPPE GARIBALDI

Derecha: Esta vista aérea muestra las diferentes formas de portaaviones ligeros utilizados por las diferentes marinas del mundo.

CLEMENCEAU
Torre para cañón automático de 100mm.

GARIBALDI
Este barco tiene lanzadores con dos grupos de cuatro células para el sistema Albatros. Este lanza dos misiles Aspide similares a los del Sparrow.

CLEMENCEAU 876 pies (267 m)

PRÍNCIPE DE ASTURIAS 643 pies (196 m)

GARIBALDI 591 pies (180 m)

INVENCIBLE 676 pies (206 m)

KIEV 899 pies (274 m)

La rampa de salto del HMS Invencible provee un empujón extra. Esto permite a la flota inglesa despegar rápidamente sin necesidad de utilizar mucho espacio para alcanzar velocidad.

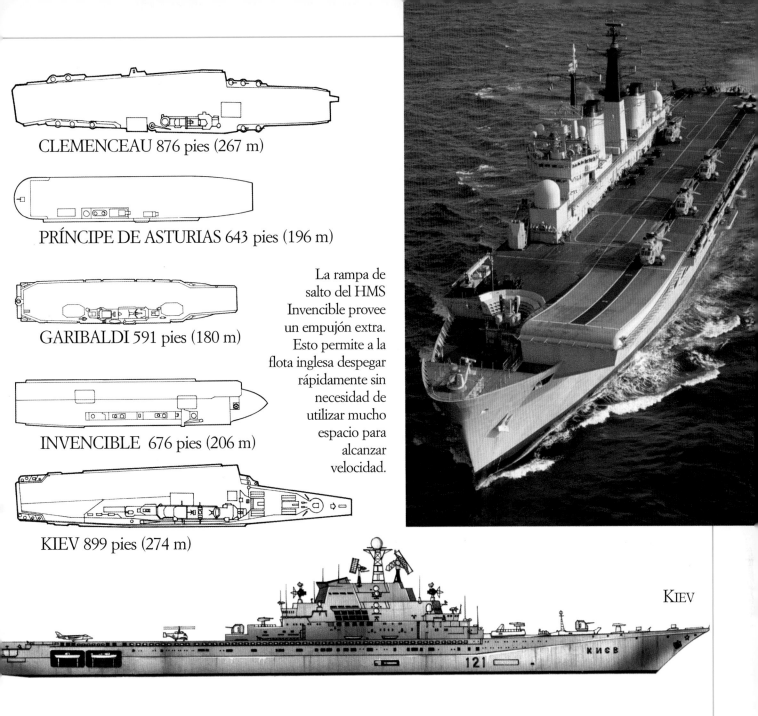

KIEV

DEFENSA ELECTRÓNICA DEL *KIEV* (ECM)

Rum Tub es el nombre con el que la OTAN identifica el ESM utilizado por Rusia en sus portaaviones. Un ESM se utiliza para detectar radares enemigos radar y otras amenazas.

La antena *Strut Pair* busca naves enemigas

La *Bell Bash* es otra clase de antena ECM Rusa

Palm Frond es el nombre del radar de navegación del Kiev

La antena *Bell Thump* ECM es otro método para detectar ataques enemigos.

La *Bell Crown* es una antena electroóptica.

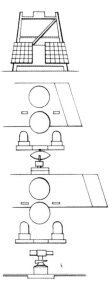

KIEV
Ametralladora Gatling
30 mm del *Kiev*.

El futuro de los portaaviones

¿Cuánto mejores y poderosos pueden llegar a ser los portaaviones? Esa pregunta es difícil de responder. No pueden construirse portaaviones mucho mayores de los que existen ahora y siempre estarán limitados a transportar un cierto número de aviones. Cada batalla necesita suficiente potencia de fuego, pero no más de la necesaria. Eso significa que aumentar el tamaño no es la respuesta para construir mejores portaaviones. El futuro de los portaaviones descansa en una mejor tecnología naval y aeronáutica.

BARCOS "INVISIBLES"

Los bombarderos y aviones de combate "invisibles" se han usado por más de diez años. Cada avión tiene una forma especial y usa una tecnología antiradar para volar sin ser detectado. Ahora los expertos tratan de aplicar la tecnología "invisible" a los barcos. Los barcos son grandes y macizos, tienen hasta cuatro hélices que hacen mucho ruido bajo el agua. ¿Cómo ocultar de un radar un barco del tamaño de un edificio? No puedes esconderlo pero puedes hacer creer al radar enemigo que el barco es más pequeño de lo que realmente es. Este es el tipo de tecnología con que la marina de los EE.UU. está experimentando actualmente. Algunos expertos dicen que la disminución de la altura y el tamaño de la torre de control de un portaaviones será el primer paso para hacer parecer el barco más pequeño en la pantalla de los radares. El uso de materiales en la construcción que absorban las ondas de los radares disminuirá su tamaño aparente todavía más. Esto le dará una gran ventaja al portaaviones porque contará con el factor sorpresa contra un enemigo desprevenido. Pero reducir un portaaviones a los ojos electrónicos del radar no es la única mejoría necesaria para el futuro.

En el futuro, bombarderos invisibles y otras naves podrán volar desde los portaaviones. ¿Te puedes imaginar cómo se verá un portaaviones "invisible"?

Automatización

La marina está probando sistemas que puedan funcionar sin la ayuda del hombre. La automatización o tecnología de naves inteligentes, reduciría los costos. Menos tripulantes en una nave significa menos gasto de dinero y menos vidas en riesgo durante operaciones de combate. Los sistemas de radares computarizados reducen la necesidad de operadores de radares y los sistemas automatizados de amunicionamiento pueden reducir la necesidad de personal para recargar las armas.

Misiones especiales

Los futuros portaaviones serán capaces de hacer algo más que transportar aviones por todo el mundo. Los portaaviones también estarán equipados para prestar auxilio en caso de desastres en cualquier parte del planeta. Llevarán suministros y se usarán como hospitales. También pueden usarse para transportar tropas. Ahora los diseñadores están cambiando la forma en que puede utilizarse el interior de un portaaviones. Las plataformas de los hangares serán rediseñadas para que puedan transformarse rápidamente en salas de hospital y las áreas de almacenaje de armamento podrán transformarse rápidamente en dormitorios para las tropas. Un portaaviones que pueda usarse en misiones ajenas a la guerra representa un ahorro de dinero y vidas. Los hangares de los aviones también se están rediseñando. En el futuro deberán ser capaces de dar cabida a nuevos tipos de aviones. Los aviones de alas plegables, los de despegue vertical y los de vuelos no tripulados serán el futuro de la aviación naval.

El rostro cambiante de los portaaviones

El futuro de los portaaviones depende de los cambios e innovaciones. Estados Unidos es el líder en poderío naval y tecnología electrónica. Los técnicos están siempre trabajando para mantener la marina muy por delante de sus posibles enemigos. El objetivo es fabricar menos y mejores portaaviones, que usen menos personal para manejarlos. Tal innovación ahorrará dinero y vidas al mismo tiempo que mantiene al mundo a salvo de las naciones agresivas.

Glosario

Albóndiga Luz ámbar en el sistema de aterrizaje con ayuda de lentes que le indica al piloto que está en la posición adecuada para aterrizar.

cables de retención Cables de acero grueso que se usan para ayudar a los aviones a aterrizar.

calado Distancia entre la línea de flotación y la base de la quilla.

casco Cuerpo del barco.

catapulta Máquina que impulsa un avión por la pista para ayudarlo a alcanzar la velocidad adecuada da para el despegue.

Centro de Control de Tráfico Aéreo de Portaaviones (CATCC) Habitación del portaaviones desde la que los operadores de radar dirigen los aviones que vuelan cerca de la nave.

cubierta de vuelo Cubierta superior de un portaaviones donde los aviones aterrizan y despegan.

cubierta inclinada Una segunda cubierta en un portaaviones que tiene un ángulo de catorce grados con el centro.

dique seco Un dique que mantiene el barco fuera del agua hasta que éste sea lo suficientemente fuerte como para flotar.

Diseño Auxiliado por Computadora Programa de computación que ayuda a los ingenieros a hacer planos para construir máquinas.

diseños Croquis preliminares que muestran las principales características de algo que se construirá o creará; planos que explican cómo construir algo.

dotación aérea Los aviones usados en un portaaviones.

hangar Lugar donde se guardan los aviones.

jefe de vuelo Oficial naval que dirige los aviones y la tripulación de la cubierta de vuelo.

planos Papeles que tienen diseños impresos para construir algo.

portaaviones de ataque Portaaviones que tienen aviones de combate como arma principal.

portaaviones de helicópteros Portaaviones más pequeños que sólo llevan helicópteros a las batallas.

portaaviones ligeros Portaaviones pequeños que tienen pocos aviones en su dotación aérea.

propelas aspas de metal que al girar impulsan el barco.

puebas en alta mar Ensayos que realiza la marina con sus barcos para asegurarse de que todas sus partes y sistemas funcionen adecuadamente.

puente Área del barco desde la que el capitán dirige el barco.

quilla Pieza que forma la base del barco y que sostiene toda su armazón.

reactor nuclear sistema de energía que usa energía atómica para hacer funcionar los motores.

sistema de defensa de misiles Sistema de misiles que se usan para derribar aviones enemigos.

sistema de despegue y aterrizaje vertical Sistema de reacción que usa motores rotatorios para elevar un avión del suelo y moverlo hasta que vuele como un avión.

tecnología antiradar Tecnología "invisible" que usa formas y materiales especiales para hacer un vehículo invisible al radar.

tipo Nimitz Nombre del tipo de portaaviones más grande.

turbina Motor que gira usando agua, aire o vapor.

Otras fuentes de información

Si quieres más información sobre portaaviones, puedes consultar estos libros, videos y páginas de Internet.

Libros en español
Galuppini, Gino *Portaaviones De Todo El Mundo: Desde Los Origenes Hasta Nuestros Dias/Aircraft Carriers of the World, From Their Origins to the Present*

Libros en inglés
Buyan, Michael. *Supercarriers (Land and Sea)*. Capstone Press: Mankato, MN, 2001.
Peston, Anthony. *The World's Greatest Aircraft Carriers: From Civil War to Present*. Thunder Bay Press: San Diego, 2000.

Vídeos
The Big Aircarft Carrier. VanDerKloot Film & Television. Little Mammoth Media.
Carrier: Fortress at Sea. Discovery Channel.
City of Steel: Carrier. Discovery Channel.

Sitios Web en español
http://www.elpais.es/multimedia/internacional/portav.html
http://es.geocities.com/portaaviones2001/
http://usuarios.tripod.es/portaaviones/

Sitios Web en inglés
www.chinfo.navy.mil/navpalib/carriers
www.bluejacket.com/usn_aircraft_carriers.htm

Índice

Acerca del autor

Mark Beyer ha escrito más de cincuenta libros para niños y adolescentes, siendo historia y tecnología dos de sus disciplinas favoritas. Recientemente escribió otro libro sobre portaaviones para lectores de primer grado. Mark vive con su esposa Lucy en una granja en las afueras de la Ciudad de Nueva York.

Créditos fotográficos